BEI GRIN MACHT SICH IHR WISSEN BEZAHLT

- Wir veröffentlichen Ihre Hausarbeit, Bachelor- und Masterarbeit

- Ihr eigenes eBook und Buch - weltweit in allen wichtigen Shops

- Verdienen Sie an jedem Verkauf

Jetzt bei www.GRIN.com hochladen und kostenlos publizieren

Bibliografische Information der Deutschen Nationalbibliothek:

Die Deutsche Bibliothek verzeichnet diese Publikation in der Deutschen Nationalbibliografie; detaillierte bibliografische Daten sind im Internet über http://dnb.d-nb.de/ abrufbar.

Dieses Werk sowie alle darin enthaltenen einzelnen Beiträge und Abbildungen sind urheberrechtlich geschützt. Jede Verwertung, die nicht ausdrücklich vom Urheberrechtsschutz zugelassen ist, bedarf der vorherigen Zustimmung des Verlages. Das gilt insbesondere für Vervielfältigungen, Bearbeitungen, Übersetzungen, Mikroverfilmungen, Auswertungen durch Datenbanken und für die Einspeicherung und Verarbeitung in elektronische Systeme. Alle Rechte, auch die des auszugsweisen Nachdrucks, der fotomechanischen Wiedergabe (einschließlich Mikrokopie) sowie der Auswertung durch Datenbanken oder ähnliche Einrichtungen, vorbehalten.

Impressum:

Copyright © 2010 GRIN Verlag, Open Publishing GmbH
Druck und Bindung: Books on Demand GmbH, Norderstedt Germany
ISBN: 9783640575022

Dieses Buch bei GRIN:

http://www.grin.com/de/e-book/147546/elisabeth-i-tudor-die-jungfraeuliche-koenigin

Ernst Probst

Elisabeth I. Tudor - Die „jungfräuliche Königin"

GRIN Verlag

GRIN - Your knowledge has value

Der GRIN Verlag publiziert seit 1998 wissenschaftliche Arbeiten von Studenten, Hochschullehrern und anderen Akademikern als eBook und gedrucktes Buch. Die Verlagswebsite www.grin.com ist die ideale Plattform zur Veröffentlichung von Hausarbeiten, Abschlussarbeiten, wissenschaftlichen Aufsätzen, Dissertationen und Fachbüchern.

Besuchen Sie uns im Internet:

http://www.grin.com/

http://www.facebook.com/grincom

http://www.twitter.com/grin_com

Ernst Probst

Elisabeth I. Tudor

Die „jungfräuliche Königin"

Elisabeth I. Tudor (1533–1603)
gewidmet

Elisabeth I. Tudor. Die jungfräuliche Königin

*Elisabeth I. Tudor (1533–1603)
Bild: Reproduktion
eines Gemäldes
von William Segar (1564–1633),
Original in einer Privatsammlung*

Elisabeth I. Tudor. Die jungfräuliche Königin

Englands bedeutendste Königin des 16. Jahrhunderts war Elisabeth I. Tudor (1533–1603), genannt „Gloriana", die glorreiche Königin. Aufgrund der Blüte von Schifffahrt, Handel und Kultur heißt ihre Regierungszeit von 1558 bis 1603 „Elisabethanisches Zeitalter" oder „Goldenes Zeitalter Englands". Die Herrscherin blieb unverheiratet und kinderlos, weswegen man sie als „the Virgin Queen" („jungfräuliche Königin") bezeichnete. Darauf beruht der 1584 geprägte Name Virginia für die erste englische Kolonie in Nordamerika.

Elisabeth I. Tudor kam am 7. September 1533 im königlichen Palast zu Greenwich (London) als Tochter von König Heinrich VIII. (1491–1547) und dessen zweiter Frau, Anna Boleyn (1507–1536), zur Welt. Da damals nur ein männlicher Erbe eine Garantie für die Stabilität der Staatsmacht darstellte, reagierte der Vater gar nicht erfreut, sondern zornig und enttäuscht.

Noch bevor Elisabeth ihr drittes Lebensjahr vollendete, wurde ihre Mutter unter der offensichtlich fadenscheinigen Anklage des Ehebruches in den Londoner Tower gebracht und dort am 19. Mai 1536 enthauptet. Heinrich VIII. erklärte im selben Jahr seine Ehe mit Anna Boleyn im Nachhinein für ungültig und die daraus hervorgegangene Tochter für illegitim.

Elisabeth musste den königlichen Hof verlassen und wuchs in Hatfield House auf. Kurz nach der Hinrichtung seiner zweiten Frau gab Heinrich VIII. am 30. Mai 1536

Elisabeth I. Tudor. Die jungfräuliche Königin

*König Heinrich VIII. Tudor (1491–1547),
Bild auf der nächsten Seite,
der Vater von Elisabeth I. Tudor,
hatte sechs Frauen:*

*1. Katharina von Aragon (1485–1536),
2. Anna Boleyn (1507–1536),
3. Johanna Seymour (1509–1537),
4. Anna von Kleve (1515–1557),
5. Katharina Howard (1521–1542),
6. Katharina Parr (1512–1548).
Anny Boleyn und Katharina Howard
wurden wegen Ehebruch hingerichtet.*

*Bild: Reproduktion eines Gemäldes
von Hans Holbein dem Jüngeren (1497–1543),
Original in der Walker Art Gallery, Liverpool*

Elisabeth I. Tudor. Die jungfräuliche Königin

Elisabeth I. Tudor. Die jungfräuliche Königin

*Anna Boleyn (1507–1536),
die zweite Gattin von Heinrich VIII. Tudor
und Mutter von Elisabeth I. Tudor.
Bild: Reproduktion eines Gemäldes
eines unbekannten Künstlers, Original in Hever Castle, Kent*

Elisabeth I. Tudor. Die jungfräuliche Königin

*Johanna Seymour (um 1509–1537),
dritte Gemahlin von Heinrich VIII. Tudor.
Bild: Reproduktion eines Gemäldes
von Hans Holbein dem Jüngeren,
Original im Kunsthistorischen Museum, Wien*

Elisabeth I. Tudor. Die jungfräuliche Königin

*Prinzessin Elisabeth
um 1546 im Alter von etwa 13 Jahren
Bild: Reproduktion eines Gemäldes
von William Scrots,
Original in The Royal Collection, Windsor Castle*

Elisabeth I. Tudor. Die jungfräuliche Königin

*Katharina Parr (1512–1548),
die sechste und letzte Gemahlin
von Heinrich VIII. Tudor.
Bild: Reproduktion eines Gemäldes um 1545,
Original in der National Portrait Gallery, London*

Elisabeth I. Tudor. Die jungfräuliche Königin

seiner dritten Gattin, Johanna (Jane) Seymour (um 1509–1537), das Jawort, die ihm am 12. Okober 1537 endlich den sehnlichst erwarteten Sohn, Eduard VI. (1537–1553), schenkte.
Elisabeth war seit der Geburt des Thronfolgers schlagartig nahezu bedeutungslos, sie erhielt aber eine Erziehung wie die Söhne von höhergestellten Persönlichkeiten. Unter Anleitung des Humanisten Roger Ascham (1515–1568) aus Cambridge studierte sie klassische Literatur, Rhetorik, Geschichte, Moralphilosophie sowie die italienische, französische, griechische und lateinische Sprache. Außerdem lernte sie Singen, Tanzen und Musizieren.
Dank der Fürsprache von Katherine Parr (1512–1548), seit 1543 sechste und letzte Gattin Heinrichs VIII., wurde Elisabeth am königlichen Hof wieder aufgenommen. 1544 ließ man Elisabeth durch Parlamentsbeschluss — hinter ihren Halbgeschwistern, Eduard VI. (1537–1553) und Maria I. Tudor (1516–1558), – zur Thronfolge zu. Als König Heinrich VIII. am 28. Januar 1547 starb, folgte ihm der zehnjährige kränkelnde Eduard am 20. Februar 1547 auf den Thron. Am 26. Februar 1547 schrieb der Lord Admiral Thomas Seymour (1508–1549) der jungen Prinzessin Elisabeth einen Heiratsantrag, den diese am Tag darauf abschlägig beantwortete. Daraufhin verlobte sich Seymour mit Elisabeths Gönnerin, Katharina Parr, und vermählte sich mit ihr Ende Mai 1547. Katharina Parr starb – wenige

Elisabeth I. Tudor. Die jungfräuliche Königin

*Eduard VI. Tudor (1537–1553)
im Alter von zehn Jahren.
Bild: Reproduktion eines Gemäldes
eines unbekannten Künstlers um 1547.
Original in der National Portrait Gallery, London*

Elisabeth I. Tudor. Die jungfräuliche Königin

Tage nach Geburt einer Tochter – am 5. September 1548 am Kindbettfieber.
Am 16. Januar 1549 wurde Thomas Seymour festgenommen und angeklagt, er wolle Elisabeth heiraten und gemeinsam mit ihr den Thron erobern. Bei Verhören blieb Elisabeth souverän, auch dann als man ihr berichtete, Seymour sei am 20. März 1549 hingerichtet worden.
Für den minderjährigen Eduard VI. Tudor regierte sein Onkel Eduard Seymour (um 1500–1552), Earl of Hertford, ab 1547 Herzog von Somerset. Er war der Bruder von Königin Johanna Seymour und Schwager Heinrichs VIII. Durch außenpolitische Misserfolge und eine bauernfreundliche Sozialpolitik brachte er den Adel gegen sich auf. Am 22. Januar 1552 wurde Seymour wegen Hochverrats in London hingerichtet.
Als John Dudley, Herzog von Northumberland (1502–1553), das Haupt des Regentschaftsrates, das Ende des todkranken Königs Eduard VI. nahen sah, vermählte er am 21. Mai 1553 seinen Sohn Guilford Dudley (um 1530–1554) mit Jane Grey (1537–1554), einer Urenkelin Heinrichs VII. (1457–1509). Den jungen König überredete er dazu, seine Stiefschwestern Maria und Elisabeth von der Thronfolge auszuschließen.
Eduard VI. starb am 6. Juli 1553 im Alter von nur 15 Jahren. Nach seinem Tod wurde Jane Grey am 10. Juli 1553 zur Königin von England ausgerufen. Doch Maria I. Tudor, die Tochter Heinrichs VIII. und dessen erster

Elisabeth I. Tudor. Die jungfräuliche Königin

*Jane Grey (1537–1554)
war nur neun Tage lang
Königin von England.
Bild: Reproduktion eines Gemäldes
eines unbekannten Künstlers*

Elisabeth I. Tudor. Die jungfräuliche Königin

Frau, Katharina von Aragonien (1485–1536), sammelte nach der Krönung ein Heer und zog in London ein. Neun Tage nach ihrer Thronbesteigung warf man Jane Grey und ihren Gatten in den Kerker. Beide wurden am 12. Februar 1554 in London hingerichtet.

Am 20. Juli 1553 bestieg Maria I. Tudor den englischen Thron, und am 30. Oktober jenes Jahres wurde sie gekrönt. Sie hatte eine freudlose Kindheit erlebt, da sie nach der Wiederverheiratung ihres Vaters 1536 für illegitim erklärt wurde und – als Bastard abgestempelt – getrennt von ihrer Mutter aufwuchs. Maria heiratete am 25. Juli 1554 den katholischen Thronfolger Philipp II. von Spanien (1527–1598), dessen erste Frau, die Infantin Maria von Portugal, 1545 gestorben war.

Gleich zu Beginn ihrer Herrschaft ergriff Maria I. Tudor – später „Maria die Katholische" oder „Maria die Blutige" („Bloody Mary") genannt – strenge Maßnahmen zur Rekatholisierung von England. Aus Unzufriedenheit über die Wiedereinführung des Katholizismus in ihrem Land sowie über die Ehe mit dem unpopulären und erzkatholischen Philipp hoffte die Bevölkerung auf einen protestantischen Retter. Dabei fiel das Augenmerk auf die junge Prinzessin Elisabeth, die damit in große Gefahr geriet.

Nach der gescheiterten Rebellion von Sir Thomas Wyatt dem Jüngeren (um 1521–1554) im Januar 1554 wurde Elisabeth unter dem Verdacht der Komplizenschaft festgenommen und in den Tower geworfen. In langen

Elisabeth I. Tudor. Die jungfräuliche Königin

*Maria I. Tudor (1516–1558)
war von 1553 bis 1558 Königin von England.
Bild: Reproduktion eines Gemäldes
von Anthonis Mor (um 1520–1576/1578,
Original im El Museo Nacional de Prado, Madrid*

Elisabeth I. Tudor. Die jungfräuliche Königin

*Elisabeth I. Tudor (1533–1603),
Krönungsporträt von 1559.
Bild: Reproduktion
eines Gemäldes eines unbekannten Künstlers,
Original in der National Portrait Gallery, London*

Elisabeth I. Tudor. Die jungfräuliche Königin

Verhören beteuerte sie ihre Loyalität gegenüber ihrer königlichen Halbschwester Maria I. Tudor und ihre Anhängerschaft zum katholischen Glauben. Am 19. Mai 1554 durfte Elisabeth den Tower wieder verlassen, wurde aber in Woodstock unter Hausarrest gestellt.
Nach der Abdankung seines Vaters Kaiser Karl V. (1500–1558) im Jahre 1556 wurde Maria I. Tudors Gatte zum König von Spanien gekrönt, blieb jedoch bis 1558 in England. Am 17. November 1558 erlag die kinderlose und von ihrem Mann verlassene Maria I. Tudor ihrem Krebsleiden. Man bestattete sie am 14. Dezember 1558 in der Westminster Abbey, der Grabkirche vieler Könige. Die 25-jährige Elisabeth I. wurde am 15. Januar 1559 in der Westminster Abbey zur Königin von England gekrönt. König Heinrich II. von Frankreich (1519–1559) bezichtigte sie als Thronräuberin (Usurpatorin) und ließ seine Schwiegertochter Maria Stuart (1542–1587), die Königin von Schottland, zur Königin von England ausrufen.
Elisabeth I. schloss am 12. März 1559 Frieden mit Frankreich. Mit Hilfe von William Cecil Baron Burghley (1520–1598), dem sie die Leitung der britischen Politik anvertraute, und gestützt auf eine solide Finanzpolitik, stellte sie eine starke Krongewalt her.
An einer Verbindung mit der jungen englischen Königin zeigten bald zahlreiche europäische Prinzen Interesse. Zu ihren Freiern gehörten König Philipp II. von Spanien, der Elisabeth I. als Persönlichkeit „voller

Elisabeth I. Tudor. Die jungfräuliche Königin

*Elisabeth I. Tudor (1533–1603)
im Alter von etwa 30 Jahren.
Bild: Reproduktion
eines Gemäldes
eines unbekannten Künstlers*

Elisabeth I. Tudor. Die jungfräuliche Königin

*Maria Stuart (1542–1587),
Köngin von Schottland.
Bild: Reproduktion
eines Gemäldes
eines unbekannten Künstlers*

Elisabeth I. Tudor. Die jungfräuliche Königin

*William Cecil Baron Burghley (1520–1598)
leitete für Elisabeth I. Tudor die Politik von England.
Bild: Reproduktion eines Gemäldes
aus der Werkstatt
von Marcus Gheeraerts dem Jüngeren*

Elisabeth I. Tudor. Die jungfräuliche Königin

Zauber und so strahlend wie ein Meeresfeuer" rühmte, Erzherzog Karl von Österreich (1540–1590), Herzog Heinrich von Anjou (1551–1589), Erik XIV. von Schweden (1533–1577) und der spätere russische Zar Ivan IV. „Der Schreckliche" (1530–1584).
Elisabeth I. entschied sich für keinen ihrer Bewerber. Ihr Herz gehörte ab 1559 ihrem verheirateten Oberstallmeister Robert Dudley (1532/1533–1588), dem Sohn von John Dudley, Herzog von Northumberland. Er war ständig in Nähe der Königin anzutreffen, und man behauptete sogar, Elisabeth erwarte ein Kind von ihm.
1570 exkommunizierte Papst Pius V. (1504–1572) die abtrünnige englische Königin. Sein Nachfolger, Papst Gregor XIII. (1502–1585), erklärte sogar, es sei keine Sünde die „elende Ketzerin" von der Erdoberfläche zu entfernen. Spanien und Frankreich, unterstützt von entmachteten katholischen englischen Adligen, wetzten bereits die Messer.
Dank des von Sir Francis Walsingham (1532–1590) aufgebauten gut funktionierenden Geheimdienstes war Elisabeth I. bestens über die politischen Vorgänge auf dem europäischen Kontinent informiert. Der Protestant und Meisterspion Walsingham erkannte rasch die treibende Kraft hinter der internationalen Verschwörung gegen seine Herrin: die schottische Königin Maria Stuart, die seit ihrer Vertreibung aus Schottland 1568 in England unter Hausarrest stand.

Elisabeth I. Tudor. Die jungfräuliche Königin

*Oberstallmeister Robert Dudley,
Earl of Leicester (1532/1533–1588)
Bild: Reproduktion eines Gemäldes
von Steven van der Meulen,
Original in der Wallace Collection*

Elisabeth I. Tudor. Die jungfräuliche Königin

Maria Stuart beanspruchte als Urenkelin von König Heinrich VII., des Gründers der Dynastie der Tudors, den englischen Königsthron. 1569 entdeckte und vereitelte Walsingham den geheimen Plan von Thomas Howard, Herzog von Norfolk (1536–1572), Maria Stuart zu heiraten und gemeinsam mit ihr den Thron zu erobern. Als Norfolk 1570 erneut einen Versuch wagte, um sein Ziel zu erreichen, war sein Schicksal besiegelt: Er wurde am 2. Juni 1572 in London enthauptet.

Nach einer weiteren ebenfalls von Walsingham enttarnten Intrige gegen Elisabeth I. wurde die 19 Jahre lang in England gefangengehaltene Maria Stuart am 8. Februar 1587 in Fotheringhay Castle (Northamptonshire) geköpft. In die Verschwörung gegen Elisabeth war auch ihr Liebhaber Robert Dudley verwickelt, der gehofft hatte, er könne sie nach erfolgreicher Entmachtung endlich heiraten.

Der Hauptgegner von Elisabeth I. war Spanien, das für ein katholisches Europa eintrat. Die englische Königin unterstützte den niederländischen Unabhängigkeitskampf sowie die Übergriffe britischer Freibeuter – wie Francis Drake (1539–1596) und anderer – auf spanische Schiffe. Entscheidend für die internationale Stellung Englands war der Sieg seiner Flotte über die spanische Armada in mehreren Seegefechten vom 21. Juli bis 8. August 1588.

Zwischen 1594 und 1603 warf Elisabeth I. den Aufstand der Iren nieder. Ihr Vater Heinrich VIII. hatte sich 1541

Elisabeth I. Tudor. Die jungfräuliche Königin

*Francis Walsingham (1532–1590),
Meisterspion im Dienst von Elisabeth I. Tudor.
Bild: Reproduktion eines Gemäldes
von John de Critz
um 1587*

Elisabeth I. Tudor. Die jungfräuliche Königin

*Robert Devereux,
Earl of Essex (1567–1601),
Günstling von Elisabeth I. Tudor.
Bild: Reproduktion eines Gemäldes
eines unbekannten Künstlers*

Elisabeth I. Tudor. Die jungfräuliche Königin

*Nachfolger von Elisabeth I. Tudor:
Jakob I. (1566–1625), der Sohn von Maria Stuart,
regierte England, Schottland und Irland
in Personalunion.
Bild: Reproduktion eines Gemäldes von Paulus van Somer*

Elisabeth I. Tudor. Die jungfräuliche Königin

vom irischen Parlament den Titel des Königs von Irland verleihen lassen. 1599 wurde Elisabeths I. Günstling, Robert Devereux, Earl of Essex (1567–1601), als Statthalter in das aufständische Irland gesandt. Als er sich dort auf einen Waffenstillstand einließ, setzte man ihn ab. Daraufhin unternahm er einen Aufstandsversuch und wurde am 25. Februar 1601 in London hingerichtet. Am 24. März 1603 starb Elisabeth I. im Alter von 69 Jahren in Richmond upon Thames, das heute zu London gehört. Mit ihr erlosch die Dynastie der Tudors. Ihr Nachfolger wurde, wie sie kurz vor ihrem Tod bestimmte, der schottische König Jakob VI. (1566–1625), der Sohn Maria Stuarts. Er regierte als Jakob I. England, Schottland und Irland in Personalunion.

Unterschrift von Elisabeth I. Tudor.
Bild: Reproduktion aus „Nordisk Familjebok" (1876–1899)

Elisabeth I. Tudor. Die jungfräuliche Königin

*Heinrich VIII. Tudor (1491–1547).
Bild: Reproduktion eines Gemäldes
von Hans Holbein dem Jüngeren,
vermutlich Gegenstück zum Gemälde von Johanna Seymour.
Original in der Sammlung Thyssen-Bornemisza, Madrid*

Elisabeth I. Tudor. Die jungfräuliche Königin

*Heinrich VIII. Tudor
im Krönungsornat.
Bild: Reproduktion eines Gemäldes
aus dem Jahre 1509
Original im Denver Art Museum*

Die Frauen von Heinrich VIII. Tudor

Die erste Ehefrau von Heinrich VIII. Tudor war Katharina von Aragon (1485–1536). Sie kam am 15. Dezember 1485 als Tochter des Königs von Aragoni, Ferdinand II. der Katholische (1452–1516), und der Königin Isabella I. von Kastilien (1451–1504), in Alcalá des Henares (heute Spanien) zur Welt. Bereits als Dreijährige wurde sie mit dem englischen Thronfolger Arthur Tudor, Prinz von Wales (1486–1502) verlobt.

Einen Monat vor ihrem 16. Geburtstag heiratete Katharina von Aragon am 14. November 1501 den 15-jährigen Arthur Tudor, der schon am 2. April 1502 starb. 14 Monate später wurde Katharina mit Arthur Tudors jüngerem Bruder, Heinrich Tudor, verlobt, der am 22. April 1509 Englands Thron bestieg. Mit ihm vermählte sich Katharina von Aragon am 11. Juni 1509. Papst Julius II. (1443–1513) erteilte zur Ehe mit dem Schwager die Dispens.

Im Januar 1510 brachte Katharina von Aragon eine totgeborene Tochter zur Welt. Am 1. Januar 1511 folgte die Geburt von Prinz Heinrich, nach dessen Ankunft

Elisabeth I. Tudor. Die jungfräuliche Königin

*Katharina von Aragon (1485–1536),
die erste Gattin von Heinrich VIII. Tudor.
Bild: Reproduktion eines Gemäldes
von Michael Sittow (1469–1525) um 1503/1504
Original im Kunsthistorischen Museum Wien*

Elisabeth I. Tudor. Die jungfräuliche Königin

der 19-jährige König überschwänglich vor seiner 23-jährigen Gattin tanzte. Der kleine Prinz wurde am 5. Januar 1511 getauft, starb aber schon nach 52 Tagen. Von den Kindern Katharinas von Aragon überlebte nur die am 18. Februar 1516 geborene Tochter Maria I. Tudor (1516–1558), später „Maria die Katholische" oder „Maria die Blutige" („Bloody Mary") genannt. Zwei weitere unglücklich verlaufende Schwangerschaften folgten, die letzte davon 1518.
Heinrich VIII. ließ sich von seinem Schwiegervater Ferdinand II. zum Krieg gegen Frankreich bewegen, der von 1512 bis 1514 währte. Zugleich kämpfte er gegen König Jakob IV. von Schottland (1473–1513). Von 1522 bis 1525 und von 1543 bis 1546 zog der englische König erneut gegen Frankreich in den Kampf. Ansonsten bemühte er sich um eine Politik des Ausgleichs.
Ab 1521 diente Anna Boleyn (1507–1536), die Tochter von Thomas Boleyn, Earl of Wiltshire (1477–1539), und von Elizabeth Howard (gest. 1538), einer Schwester des Herzog von Norfolk, der Königin Katharina von Aragon als Hofdame. Sie und ihre Schwester Maria (gest. 1543) hatten sich ab 1514 am Hof des französischen Königs Franz I. (1494–1547) aufgehalten. 1521 kehrte Anna nach England zurück, wo sie einen Cousin heiraten sollte, um einen Erbschaftsstreit zu beenden. Doch statt dessen kam sie in den Dienst der Königin.

Elisabeth I. Tudor. Die jungfräuliche Königin

Eine Liebesheirat zwischen Anna Boleyn und Henry Percy (um 1500–1537), später sechster Earl von Northumberland, wurde – möglicherweise auf Befehl Heinrichs VIII. – von Kanzler Kardinal Thomas Wolsey (1475–1530) verhindert. Der König hatte eine Affäre mit Maria Boleyn, bevor er um ihre Schwester Anna warb, die sich ihm zunächst mit dem Hinweis auf seine bestehende Ehe mit Katharina von Aragonien verweigerte.

Seit 1525 war Anna Boleyn die Geliebte Heinrichs VIII. Ab Mai 1527 erwog der König wegen eines fehlenden männlichen Erben die Annullierung seiner ersten Ehe mit der 41-jährigen Katharina von Aragonien und eine Heirat mit der 20-jährigen Anna Boleyn. Papst Klemens VII. (1478–1534) lehnte dies jedoch ab, weil sein Vorgänger Julius II. eine Dispens für die Eheschließung Heinrichs VIII. mit Katharina gewährt hatte. Außerdem befand sich der Papst seit dem Fall Roms („Sacco di Roma") im Mai 1527 in der Gewalt von Kaiser Karl V. (1500–1558), des Neffen Katharinas von Aragonien.

Um eine endgültige Entscheidung in dem Streit über die von Heinrich VIII. gewünschte Annullierung seiner ersten Ehe hinauszögern zu können, kam der Kardinal Lorenzo Campegio (gest. 1534) am 29. September 1528 zur Untersuchung des Falles nach England. Der englische Kardinal Wolsey konnte in seiner Eigenschaft als päpstlicher Legat keine Wende zugunsten des Königs bewirken.

Elisabeth I. Tudor. Die jungfräuliche Königin

Am 31. Mai 1529 zitierte man Katharina von Aragon vor ein vom König berufenes Tribunal. Sie lehnte jedoch dessen Zuständigkeit ab, wurde vom Hof verbannt und von ihrer Tochter Maria I. Tudor, getrennt. Im Oktober 1529 stürzte man Kardinal Wolsey – nicht zuletzt auf Betreiben von Anna Boleyn.

In der Folgezeit trat Anna Boleyn als ungekrönte Königin auf. Anfang September 1532 wurde sie zur Marquess von Pembroke ernannt. Der Titel Marquess ist die zweite Stufe des englischen Hochadels. Ende 1532 begleitete Anna den König bei seinem Staatsbesuch in Frankreich. Am 25. Januar 1533 heirateten die schwangere Anna und der König in einer geheim gehaltenen Zeremonie.

Rund vier Monate nach der Trauung mit Anna Boleyn erfolgte am 23. Mai 1533 die Scheidung Heinrichs VIII. und Katharinas von Aragon. Der neue Erzbischof von Canterbury, Thomas Cranmer (1489–1556), verkündete am 28. Mai 1533 die Ungültigkeit der ersten Ehe des Königs und bestätigte rückwirkend die zweite Ehe mit Anna Boleyn.

Am 1. Juni 1533 wurde Anna Boleyn feierlich gekrönt. Das englische Parlament schaffte am 8. Juni die Autorität des Papstes in England ab. Papst Klemens exkommunizierte daraufhin Heinrich VIII. am 1. Juli. Statt des erhofften Prinzen brachte die neue Königin am 7. September ein Mädchen zur Welt: die spätere Elisabeth I. Tudor (1533–1603). Am selben Tag entschied Papst

Elisabeth I. Tudor. Die jungfräuliche Königin

Klemens in der Frage über die Annullierung unwiderruflich zugunsten Katharinas von Aragon.
Als Reaktion auf die Entscheidung des Papstes erklärte 1534 das britische Parlament in der Suprematsakte den König als „Supreme Head in Earth of the Church of England" („Irdisches Oberhaupt der Kirche von England"). Ab 1535 musste jeder englische Geistliche und Staatsbeamte durch den Suprematseid die kirchliche und weltliche Oberhoheit des englischen Königs anerkennen. Wer dies – wie Kanzler Thomas More (1478–1535) oder Kardinal John Fisher (um 1459–1535) – nicht tat, wurde hingerichtet.
Ungeachtet dessen versuchte Heinrich VIII. die weitere Ausbreitung der Reformation zu verhindern. Privat neigte er eher zum katholischen als zum protestantischen Glauben.
Die unglückliche Katharina von Aragon erkannte die gesetzlichen Entscheidungen über ihre Ehe und die Thronfolge nicht an. Sie blieb bis zu ihrem Tod am 7. Januar 1536 in Kimbolton bei Huntingdon in strenger Haft. In jenem Jahr starb auch Heinrich Fitzroy, Duke of Richmond (1519–1536), der uneheliche Sohn Heinrichs VIII. und seiner Geliebten Elisabeth Blount (1500–1540) im Alter von 17 Jahren.
Königin Anna Boleyn bevorzugte bei Ernennungen für den Hofstaat Protestanten und baute eine Partei auf, die sich aus ergebenen Anhängern und Verwandten zusammensetzte. Sie förderte die Musik, Buch-

Elisabeth I. Tudor. Die jungfräuliche Königin

illustratoren und Maler, blieb aber im Gegensatz zu ihrer Vorgängerin beim Volk unpopulär. Weil sie keine männlichen Thronerben gebar und nach mindestens zwei Fehl- bzw. Totgeburten Mitte Dreißig nicht mehr attraktiv genug war, fiel sie beim König in Ungnade. Als die Entfernung Anna Boleyns bei Hofe wegen der Wiederannäherung an Kaiser Karl V. auch außenpolitisch opportun erschien, inspirierte Kanzler Thomas Cromwell (1485–1540) eine Intrige, die mit einem Schlag den Kern der Boleyn-Partei dem Tod überantwortete. Anna wurde am 1. Mai 1536 verhaftet und unter der Anklage des Ehebruchs mit fünf Männern, darunter ihrem eigenen Bruder, in den Tower geworfen. Nach einem Schauprozess verurteilten 26 Richter alle sechs Angeklagten am 19. Mai 1536 wegen angeblichen Ehebruchs zum Tode.

Bereits 24 Stunden nach der Exekution seiner zweiten Frau verlobte sich Heinrich VIII. mit Johanna (Jane) Seymour (1509–1537), einer Hofdame von Anna Boleyn. Am 30. Mai 1536 fand die Hochzeit statt. Das Parlament erklärte am 1. Juli 1536 die Königstöchter Maria und Elisabeth für illegitim. Johanna Seymour gebar am 12. Oktober 1537 in Hampton Court den Thronfolger Eduard VI. Tudor (1537–1553) und starb kurz danach am 24. Oktober 1537 im Wochenbett. Als einzige der Frauen Heinrichs VIII. wurde sie – wie später der König – in der St. George's Chapel in Windsor Castle begraben.

Elisabeth I. Tudor. Die jungfräuliche Königin

Danach empfahl der Kanzler Thomas Cromwell dem König die deutsche Adlige Anna von Kleve (1515–1557) als Gemahlin. Ihr Vater Johann III. von Kleve (gest. 1539) galt als Haupt der deutschen Protestanten und Erzfeind des katholischen Kaisers Karl V. Von der Verbindung zwischen Heinrich VIII. und Anna von Kleve erhoffte sich Cromwell ein Bündnis mit den deutschen protestantischen Fürsten gegen den katholischen Kaiser.
Ende 1539 bat ein Bote Cromwells in der Schwanenburg zu Kleve um ein Bild von Prinzessin Anna. Da in Kleve kein Maler aufzutreiben war, fertigte der deutsche Künstler Hans Holbein d. J. (1497–1543) ein Porträt der Prinzessin an, auf dem er deren Pockennarben wegließ. Der 48-jährige Heinrich VIII. verliebte sich in das Bild der 24-jährigen Prinzessin und warb um ihre Hand. Das Gemälde wird heute im Pariser Louvre aufbewahrt.
Als sich Anna von Kleve und Heinrich VIII. am 1. Januar 1540 erstmals begegneten, waren beide vom Anblick ihres Gegenübers entsetzt. Vor der Braut stand ein dicker, rotbärtiger und hinkender Mann, den ein Beingeschwür plagte. Und der Bräutigam erblickte eine pockennarbige Frau, die er einmal ungalant als „flandrische Stute" bezeichnete.
Am 6. Januar 1540 wurde Anna von Kleve die vierte Frau des englischen Herrschers. Von ihr ließ sich der König bereits am 9. Juli 1540 aus politischen Gründen

Elisabeth I. Tudor. Die jungfräuliche Königin

*Anne von Kleve (1515–1557).
Anhand dieses Porträts wählte Heinrich VIII. Tudor
sie zu seiner vierten Ehefrau.
Bild: Reproduktion eines Gemäldes von Hans Holbein
dem Jüngeren. Original im Louvre, Paris*

Elisabeth I. Tudor. Die jungfräuliche Königin

*Katharina Howard (1521–1542),
die fünfte Ehefrau
von Heinrich VIII. Tudor.
Bild: Reproduktion eines Gemäldes
von Hans Holbein dem Jüngeren.*

sowie wegen ihrer Reizlosigkeit und mangelnden Bildung wieder scheiden. Die englische Kirche erklärte die Ehe für nicht vollzogen und ungültig. Anna von Kleve gab dem König ihren Ehering zurück, erhielt eine Jahresrente, lebte als „Mylady Anne von Kleve" sorglos in Richmond oder Bletchingley und machte häufig Besuche am Hof.

Fünfte Frau Heinrichs VIII. wurde Katharina Howard (1521–1542), die Tochter von Lord Edmund Howard, Nichte von Thomas Howard (1443–1524), Herzog von Norfolk, und Cousine von Königin Anna Boleyn. Katharina Howard hatte mit 19 Jahren Königin Anna von Kleve als Hofdame gedient und das Wohlgefallen Heinrichs VIII. gefunden.

Zum Zeitpunkt der Hochzeit mit Katharina Howard am 28. Juli 1540 war der König 49 Jahre alt. Durch die muntere junge Ehefrau gewann der übergewichtige Heinrich seine Lebensfreude zurück. Er nannte sie „Rose ohne Dornen" und „Juwel der Weiblichkeit". Doch nach kaum einjähriger Ehe gab es Gerüchte über Katharina Howards Untreue. Im November 1541 informierte Erzbischof Thomas Cranmer den König über die Fehltritte seiner Gemahlin. Am 13. Februar 1542 wurde Katharina Howard wegen Ehebruchs hingerichtet.

Sechste und letzte Ehefrau Heinrichs VIII. wurde die zweifache Witwe Katharina Parr (1512–1548). Sie kam als ältestes Kind des Landadligen Thomas Parr of

Elisabeth I. Tudor. Die jungfräuliche Königin

Kendal (gest. 1517) und von Maud Green, einer Hofdame Katharinas von Aragon, zur Welt. Von 1529 bis 1532 war sie mit Edward Borough, dem Sohn des Haushofmeisters von Anna Boleyn, und von 1533 bis 1543 mit dem zwei Mal verwitweten John Neville, Lord Latimer, verheiratet.

Katharina Parr erregte schon vor dem Tod ihres zweiten Mannes am 2. März 1543 die Aufmerksamkeit Heinrichs VIII. der sie mit Geschenken beeindrucken wollte. Zugunsten der Familieninteressen verzichtete sie auf eine geplante Verbindung mit Thomas Seymour (1508–1549), einem Bruder der dritten Frau des Königs. Statt dessen heiratete die 31-Jährige am 12. Juli 1543 in Hampton Court den 20 Jahre älteren Heinrich VIII.

Während ihrer dreijährigen Ehe schuf Katharina Parr eine Art Familienleben, in das sie die Kinder ihres Gatten aus seinen verschiedenen Ehen integrierte. Während des Frankreichfeldzuges von 1544 vertraute ihr der König die Regentschaft an. Ihre Stellung wurde durch das Ausbleiben eines männlichen Erben sowie Intrigen der katholischen Partei um die Familie Howard immer unsicherer.

Nach der Verhaftung und Verurteilung der protestantischen Märtyrerin Anna Askew (1521–1546), die man durch Folter zu einem Werkzeug zum Sturz der Königin machen wollte, geriet Katharina Parr in große Gefahr. Als sie im Juli 1546 vor einer bevorstehenden Verhaftung gewarnt wurde, erklärte sie

Elisabeth I. Tudor. Die jungfräuliche Königin

Heinrich VIII., sämtliche theologischen Diskussionen seien von ihr nur angestrengt worden, um ihn von den Schmerzen seiner Krankheit abzulenken und sich als unwissendes Weib von ihm belehren zu lassen.
In der Folgezeit wurde Katharina Parr nicht mehr zum Krankenlager des siechen Königs vorgelassen. Wenige Wochen nach dem Tod Heinrichs VIII. am 28. Januar 1547 nahm die Witwe erneut die Beziehung zu Thomas Seymour auf, den sie Ende Mai 1547 vor Ablauf des Trauerjahres heiratete. Fortan widmete sie sich der Erziehung ihrer Stieftochter Elisabeth und von Jane Grey (1535–1554), einer Urenkelin Heinrichs VII. Tudor (1457–1509). Außerdem verfasste sie protestantisch geprägte Erbauungsschriften wie „Lamentation of a Sinner" (1547) und „Prayers or Medications" (1559).
Während ihrer vierten Ehe brachte die bis dahin kinderlos gebliebene Katharina Parr am 30. August 1548 die Tochter Maria zur Welt. Sechs Tage später starb sie am 5. September 1548 in Sudely Castle bei Cheltenham am Kindbettfieber.

DER AUTOR

Ernst Probst, geboren am 20. Januar 1946 in Neunburg vorm Wald im bayerischen Regierungsbezirk Oberpfalz, ist Journalist und Wissenschaftsautor. Er arbeitete von 1968 bis 1971 als Redakteur bei den „Nürnberger Nachrichten", von 1971 bis 1973 in der Zentralredaktion des „Ring Nordbayerischer Tageszeitungen" in Bayreuth und von 1973 bis 2001 bei der „Allgemeinen Zeitung", Mainz. In seiner Freizeit schrieb er Artikel für die „Frankfurter Allgemeine Zeitung", „Süddeutsche Zeitung", „Die Welt", „Frankfurter Rundschau", „Neue Zürcher Zeitung", „Tages-Anzeiger", Zürich, „Salzburger Nachrichten", „Die Zeit", „Rheinischer Merkur", „Deutsches Allgemeines Sonntagsblatt", „bild der wissenschaft", „kosmos", „Deutsche Presse-Agentur" (dpa), „Associated Press" (AP) und den „Deutschen Forschungsdienst" (df). Aus seiner Feder stammen die Bücher „Deutschland in der Urzeit" (1986), „Deutschland in der Steinzeit" (1991), „Rekorde der Urzeit" (1992), „Dinosaurier in Deutschland" (1993 zusammen mit Raymund Windolf) und „Deutschland in der Bronzezeit" (1996). Ab 2000 veröffentlichte er eine 14-bändige Taschenbuchreihe über berühmte Frauen. Von 2001 bis 2006 betätigte sich Ernst Probst als Buchverleger.

Elisabeth I. Tudor. Die jungfräuliche Königin

BÜCHER VON ERNST PROBST

Superfrauen 1 – Geschichte
Superfrauen 2 – Religion
Superfrauen 3 – Politik
Superfrauen 4 – Wirtschaft und Verkehr
Superfrauen 5 – Wissenschaft
Superfrauen 6 – Medizin
Superfrauen 7 – Film und Theater
Superfrauen 8 – Literatur
Superfrauen 9 – Malerei und Fotografie
Superfrauen 10 – Musik und Tanz
Superfrauen 11 – Feminismus und Familie
Superfrauen 12 – Sport
Superfrauen 13 – Mode und Kosmetik
Superfrauen 14 – Medien und Astrologie

Superfrauen aus dem Wilden Westen

Königinnen der Lüfte von A bis Z

Königinnen des Tanzes

Elisabeth I. Tudor. Die jungfräuliche Königin

Liesel Bach. Deutschlands erfolgreichste
Kunstfliegerin
Pancho Barnes. Amerkas erste Stuntpilotin
Melli Beese. Die erste Deutsche mit Pilotenlizenz
Elly Beinhorn. Deutschlands Meisterfliegerin
Vera von Bissing. Eine Kunstfliegerin
der 1930-er Jahre
Marga von Etzdorf. Die tragische deutsche Fliegerin
Luise Hoffmann. Die erste deutsche Einfliegerin
Rita Maiburg. Einer der ersten weiblichen
Linienflugkapitäne
Marie Marvingt. Die „Mutter der Luftambulanz"
Käthe Paulus. Deutschlands erste Luftschifferin
Thea Rasche. The Flying Fräulein
Marina Raskowa. Eine fliegende „Heldin
der Sowjetunion"
Wilhelmine Reichard. Die erste Ballonfahrerin
in Deutschland
Hanna Reitsch. Die Pilotin der Weltklasse
Lisl Schwab. Eine Kunstfliegerin
aus den 1930-er Jahren
Melitta Gräfin Schenk von Stauffenberg.
Deutsche Heldin mit Gewissensbissen
Sabine Trube. Die deutsche Düsenjet-Kommandantin
Beate Uhse. Deutschlands erste Stuntpilotin

Elisabeth I. Tudor. Die jungfräuliche Königin

Rekorde der Urzeit. Landschaften, Pflanzen und Tiere
Rekorde der Urmenschen. Erfindungen, Kunst
und Religion
Archaeopteryx. Der Urvogel aus Bayern
Der Ur-Rhein. Rheinhessen
vor zehn Millionen Jahren
Höhlenlöwen. Raubkatzen im Eiszeitalter
Säbelzahnkatzen. Von Machairodus bis zu Smilodon
Der Höhlenbär
Monstern auf der Spur. Wie die Sagen über Drachen,
Riesen und Einhörner entstanden
Affenmenschen. Von Bigfoot bis zum Yeti
Seeungeheuer. Von Nessie
bis zum Zuiyo-maru-Monster
Der Schwarze Peter. Ein Räuber im Hunsrück
und Odenwald
Der Ball ist ein Sauhund. Weisheiten und Torheiten
über Fußball (zusammen mit Doris Probst)
Worte sind wie Waffen. Weisheiten und Torheiten
über die Medien (zusammen mit Doris Probst)
Meine Worte sind wie die Sterne. Die Rede
des Häuptlings Seattle und andere indianische
Weisheiten
(zusammen mit Sonja Probst)

BEI GRIN MACHT SICH IHR WISSEN BEZAHLT

- Wir veröffentlichen Ihre Hausarbeit, Bachelor- und Masterarbeit

- Ihr eigenes eBook und Buch - weltweit in allen wichtigen Shops

- Verdienen Sie an jedem Verkauf

Jetzt bei www.GRIN.com hochladen und kostenlos publizieren